a skoro - училище	2
a koiri - пътуване	5
a transport - транспорт	8
a foto - град	10
a landschap - пейзаж	14
a restaurant - ресторант	17
a wenkri - супермаркет	20
a dringi - напитки	22
a nyan - ядене	23
a burugron - селски двор	27
a oso - къща	31
a foroisi - всекидневна	33
a botrali - кухня	35
a was oso - баня	38
a pikin kamra - детска стая	42
a krosi - облекло	44
a kantoro - офис	49
a ekonomia - икономика	51
den kari - професии	53
a wrokosani - инструменти	56
den poku sani - музикални инструменти	57
a meti dyari - зоологическа градина	59
a sport - спорт	62
den aktifiteit - дейности	63
a famiri - семейство	67
a skin - тяло	68
a ati oso - болница	72
a nowtu - спешен случай	76
a grontapu - Земя	77
oloisi - часовник	79
a wiki - седмица	80
a yari - година	81
den form - форми	83
kloru - цветове	84
difrenti - противоположности	85
den nomru - числа	88
den tongo - езици	90
suma / sang / fa - кой / какво / как	91
pe - къде	92

Impressum
Verlag: BABADADA GmbH, Nedderfeld 112 , 22529 Hamburg
Geschäftsführer / Verlagsleitung: Harald Hof
Druck: Books on Demand GmbH, In de Tarpen 42, 22848 Norderstedt

Imprint
Publisher: BABADADA GmbH, Nedderfeld 112 , 22529 Hamburg, Germany
Managing Director / Publishing direction: Harald Hof
Print: Books on Demand GmbH, In de Tarpen 42, 22848 Norderstedt

a skoro
училище

prati — деление
a bord — черна дъска
a klas — класна стая
a skoro dyari — училищен двор
a leriman — учител
a papira — хартия
a pen — химикал
a tafra — бюро
a lati — линеал
a buku — книга
skrifi — пиша
a studenti — ученик

a skorotas
ученическа раница

a kisi
ученически несесер

a skriftiki
молив

a srapu
острилка за моливи

a sisibi
гума

a prenki buku
блок за рисуване

a prenki
рисунка

a kwasi
четка

a ferfidosu
акварелни бои

a sisei
ножица

a gomma
лепило

a skrifbuku
тетрадка за упражнения

a skorowroko
домашна работа

a nomru
число

teri
събиране

koti
изваждане

vermenigvuldig
умножение

teri
смятане

a brifi
буква

a alfabet
азбука

a wortu
дума

a skoro - училище

a wortu
текст

lesi
чета

a kreiti
тебешир

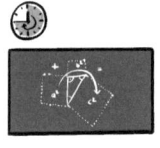
a yuru
час

a klasbuku
дневник на класа

a examen
изпит

a skoropapira
свидетелство

a sem skoro krosi
ученическа униформа

a skoro
образование

a encyklopedie
справочник

a unifersiteit
университет

a mikroskoop
микроскоп

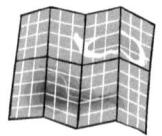
a karta
карта

a doti embre
кошче за хартиени отпадъци

a skoro - училище

a koiri

пътуване

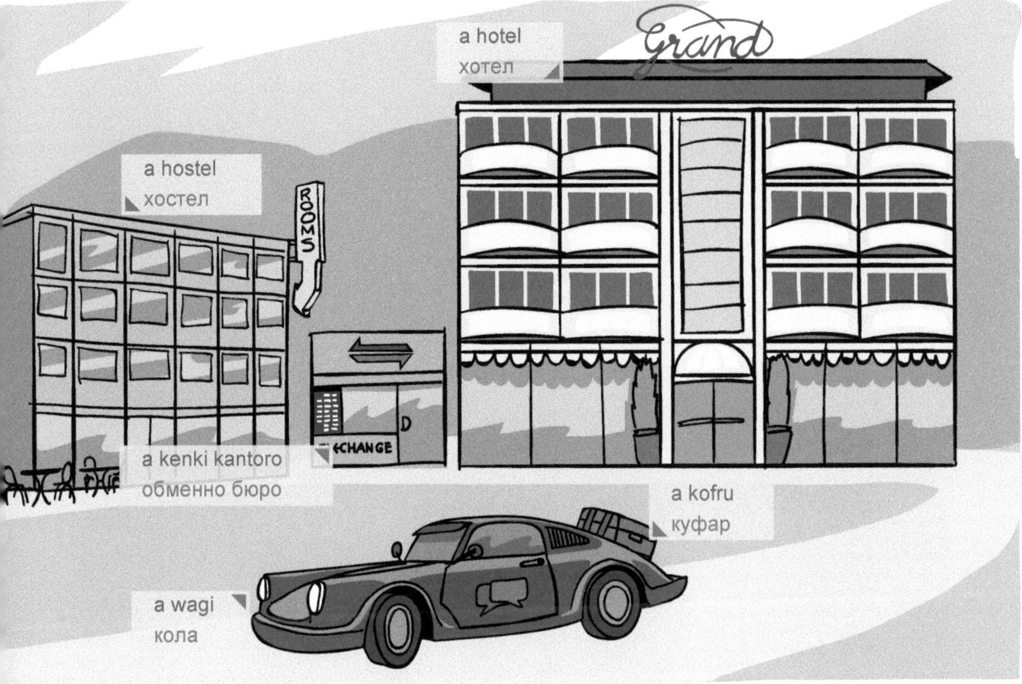

a hotel
хотел
Grand
a hostel
хостел
ROOMS
EXCHANGE
a kenki kantoro
обменно бюро
a kofru
куфар
a wagi
кола

a tongo

език

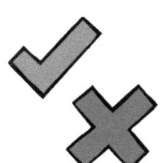

ai / no

да / не

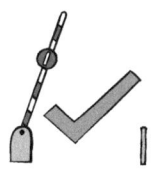

afen

Окей

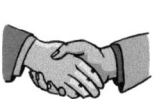

Ei!

здравей

a torku

преводач

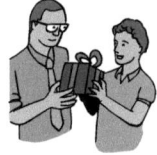

Grantangi

Благодаря

O meni...?

Колко струва...?

Mi ne ferstan

Не разбирам

a problema

проблем

Kuneti!

Добър вечер!

Morgu!

Добро утро!

Kuneti!

Лека нощ!

Adyosi!

довиждане

a beni

посока

a bagasi

багаж

a tas

пътна чанта

a tas

раница

a fisiti

посетител

a kamra

стая

a sribi saka

спален чувал

a tenti

палатка

a koiri - пътуване

 a reiskantoro туристическа информация	 a sekanti плаж	 a kreditkarta кредитна карта
 a mamanten nyanyan закуска	 nyanyan обед	 a nyanyan вечеря
 a karta билет	 a lift асансьор	 a stampu пощенска марка
 a lanki граница	 a douane митница	 a ambassade посолство
 a fisa виза	 a pasportu паспорт	

a koiri - пътуване

a transport
транспорт

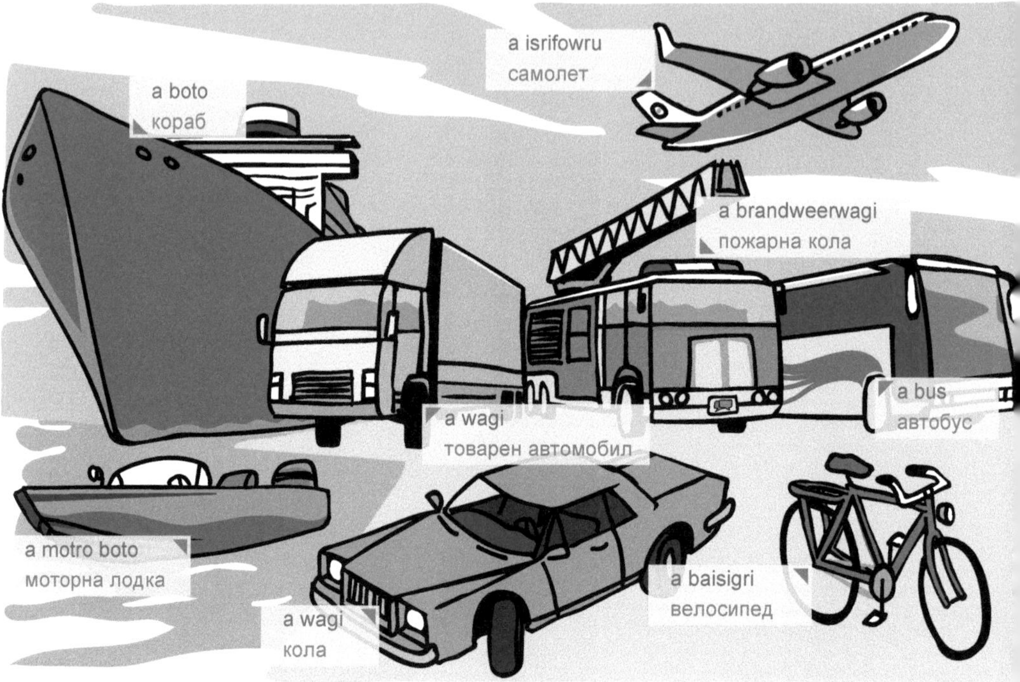

a isrifowru — самолет
a boto — кораб
a brandweerwagi — пожарна кола
a bus — автобус
a wagi — товарен автомобил
a motro boto — моторна лодка
a wagi — кола
a baisigri — велосипед

a pondo

ферибот

a boto

лодка

a motro

мотоциклет

a skowtu wagi

полицейска кола

a streilon wagi

състезателна кола

a yuru wagi

кола под наем

a wagi prati

каршеринг

a takelwagi

автомобил от "Пътна помощ"

a doti wagi

сметовоз

a motro

двигател

a oli

бензин

a oli pompu

бензиностанция

a ferkeermarki

пътен знак

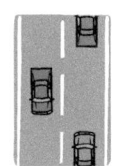

a ferkeer

улично движение

a reylo

задръстване

a parkeerpresi

паркинг

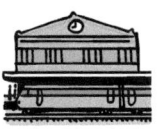

a lokopresi

гара

den rail

релси

a loko

влак

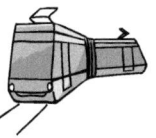

a loko

трамвай

a wagi

вагон

a transport - транспорт

a helikopter

хеликоптер

a opolangi

аерогара

a fortresi

кула

a pasasir

пасажер

a kontainer

контейнер

a doso

кашон

a wagi

ръчна количка

a baskita

кошница

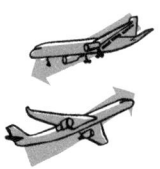

opo go / saka

излитам / приземявам се

a foto
град

a dorpu

село

a fotosei

градски център

a oso

къща

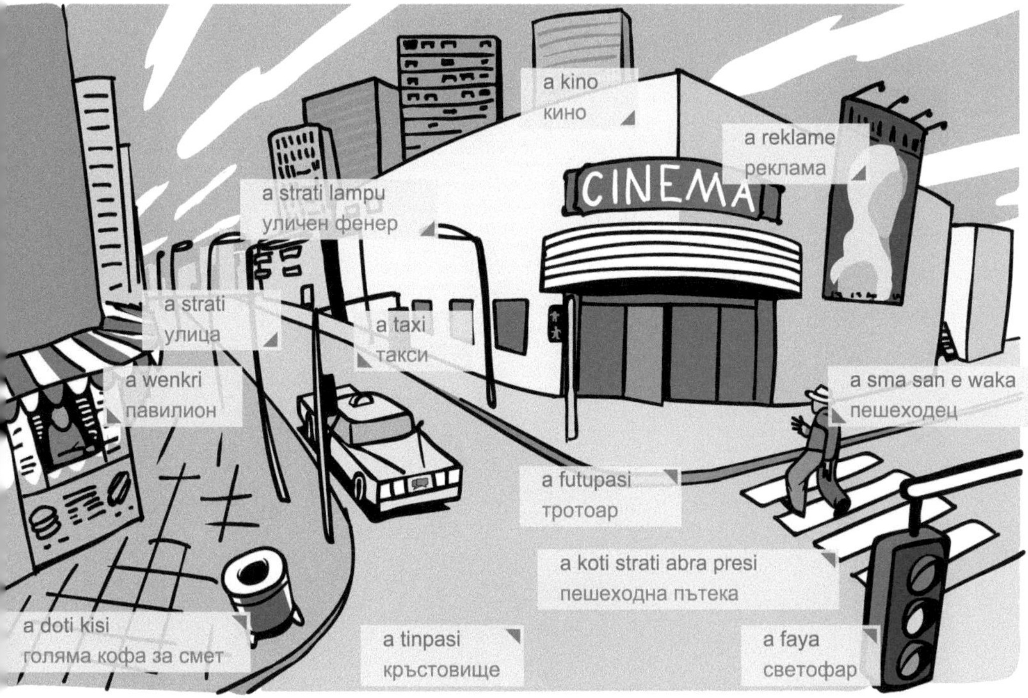

a kampu
хижа

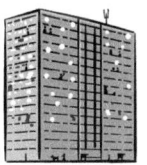

a oso
жилище

a lokopresi
гара

a foto oso
кметство

a museum
музей

a skoro
училище

a foto - град

a unifersiteit
университет

a bangi
банка

a ati oso
болница

a hotel
хотел

a apteiki
аптека

a kantoro
офис

a buku winkri
книжарница

a wenkri
магазин за цветя

a bromki winkri
магазин за цветя

a wenkri
супермаркет

a wowoyo
пазар

a wowoyo
универсален магазин

a fisi seri man
търговец на риба

a bigi wenkri
търговски център

a lanpresi
пристанище

a park
парк

a bangi
пейка

a broki
мост

a trapu
стълба

a fatyawagi
метро

a ondrogron-strati
тунел

a bushalte
автобусна спирка

a bar
бар

a restaurant
ресторант

a brifibus
пощенска кутия

a strati nen marki
улична табелка

a parkeer marki
часовник за паркинг престой

a meti dyari
зоологическа градина

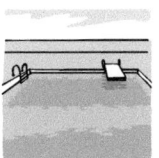

a swen presi
плувен басейн

a gado-oso
джамия

a burugron
селски двор

a doti sani
замърсяване на околната среда

a berpe
гробище

a kerki
църква

a prei presi
детска площадка

a gado-oso
храм

a landschap
пейзаж

- a wiwiri — листо
- a pasi marki — пътепоказател
- a pasi — път
- a wei — ливада
- a ston — камък
- a bon — дърво
- a koiri sma — пътешественик
- a libi — река
- a grasi — трева
- a bromki — цвете

a landschap - пейзаж

a lagi presi
долина

a lebriki
планина

a fisi-olo
море

a busi
гора

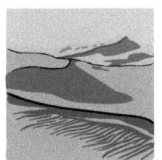

a dreisabana
пустиня

a bergi
вулкан

a ridder-oso
замък

a alenbo
дъга

a todoprasoro
гъба

a palmbon
палма

a maskita
комар

a freifrei
муха

a mira
мравка

a waswasi
пчела

a anansi
паяк

a landschap - пейзаж

a asege
бръмбар

a todo
жаба

a bonboni
катеричка

a agidya
таралеж

a kon koni
заек

a owru kuku
кукумявка

a fowru
птица

a gansi
лебед

a werder agu
диво прасе

a dia
елен

a dia
лос

a dan
бент

a winti miri
вятърна турбина

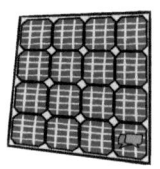
a son planga
соларен модул

a weer
климат

a landschap - пейзаж

a restaurant
ресторант

a diniman
келнер

a nyankarta
меню

a sturu
стол

a supu
супа

a pissa
пица

nefi nanga forku
прибори за хранене

tafra duku
покривка за маса

a fesi nyanyan

предястие

a moro prenspari sortu nyan

основно ястие

a switi sani

десерт

a dringi

напитки

a nyan

ядене

a batra

бутилка

a fastfood
бързо хранене

strati nyanyan
улична храна

a tépatu
кана за чай

sukru patu
кутия за захар

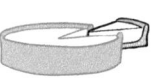
a krab'patu
порция

a espressomasyin
еспресо машина

a pikin sturu
висок детски стол

a borgu
сметка

a brakri
табла

a nefi
ножица за нокти

a forku
вилица

a spun
лъжица

a téspun
чаена лъжичка

a servet
салфетка

a grasi
стъклена чаша

a restaurant - ресторант

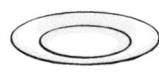

a preti
чиния

a supu preti
чиния за супа

a skotriki
чинийка

a sowsu
сос

a sowtupatu
солница

a pepre miri
мелничка за черен пипер

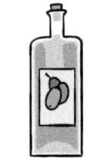

a asin
оцет

a oli
олио

den specerij
подправки

a ketchup
кетчуп

a mosterd
горчица

a mayonaise
майонеза

a restaurant - ресторант

a wenkri
супермаркет

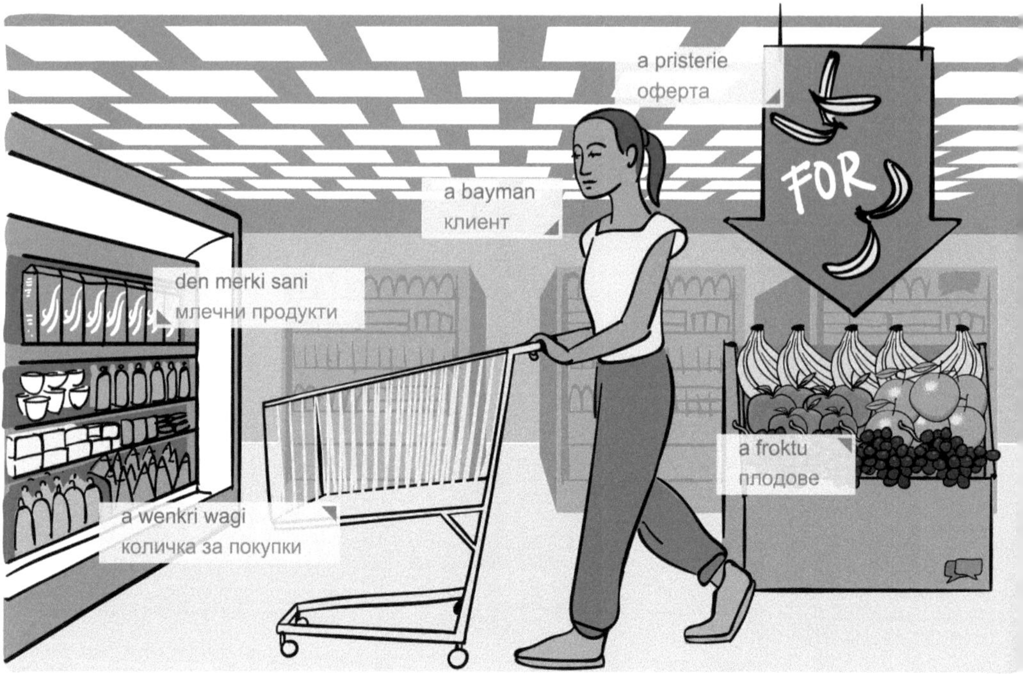

a pristerie
оферта
FOR
a bayman
клиент
den merki sani
млечни продукти
a froktu
плодове
a wenkri wagi
количка за покупки

BUTCHERS

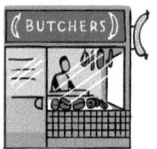

a srakti-oso

кланица

BAKERY

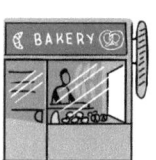

a bakri-oso

хлебарница

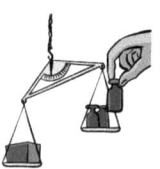

wegi

тегля

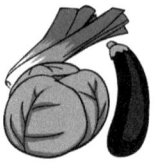

a gruntu

зеленчуци

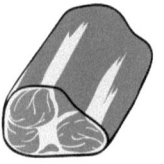

a meti

месо

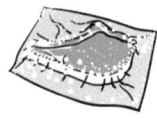

den ijskasi sani

дълбоко замразена храна

a kowru meti

нарязан колбас или сирене

a blik nyan

консерви

a wasi sani

перилен препарат

a switi sani

лакомства

den oso sani

домакински изделия

a sani fu krin

почистващи препарати

a seri sma

продавачка

a kas

каса

a kasman

касиер

a bai marki

списък на покупките

den opo yuru

работно време

a portmoni

портфейл

a kreditkarta

кредитна карта

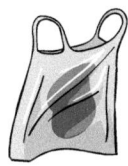

a tas

чанта

a plastik saka

пластмасова торба

a wenkri - супермаркет

a dringi
напитки

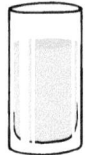
a watra
вода

a sap
сок

a merki
мляко

a kola
кола

a win
вино

a biri
бира

a sopi
алкохол

a skrati
какао

a té
чай

a kofi
кафе машина

a espresso
еспресо

a kappuccino
капучино

a nyan
ядене

a bakba
банан

a apra
ябълка

a apresina
портокал

a watramun
пъпеш

a sitrun
лимон

a rutu
морков

a konofroku
чесън

a bambu
бамбук

a aiun
лук

den todoprasoro
гъба

den noto
ядки

a pasta
макарони

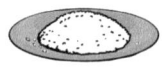

a spaghetti
спагети

a alesi
ориз

a salade
салата

a patata
пържени картофи

den baka patata
печени картофи

a pissa
пица

a burger
хамбургер

a brede
сандвич

a schnitsel
шницел

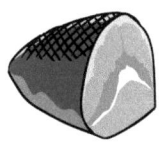

a ameti
шунка

a salami
траен колбас

a worst
салам

a kafowru
пиле

a bakadina
печено

a fisi
риба

a nyan - ядене

a hafermout	a muesli	den karuflakes
овесени ядки	мюсли	корнфлейкс

a blon	a croissant	den brede
брашно	кроасан	хлебчета

a brede	a baka brede	a buskutu
хляб	препечена филийка	бисквити

a botro	a kwark	a kuku
масло	извара	сладкиш
		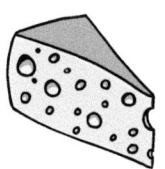
a eksi	a baka eksi	a kasi
яйце	яйца на очи	сирене

a nyan - ядене

a ice-cream

сладолед

a sukru

захар

a oni

мед

a jam

мармалад

a sukruskrati pasta

нуга крем

a kerrie

къри

a nyan - ядене

a burugron
селски двор

a wroko gron presi / селска къща
a maksin / плевня
a grasi bergi / бала сено
a gron / поле
a asi / кон
a aanhangwagi / ремарке
a pikin asi / конче
a traktor / трактор
a buriki / магаре
a pikin skapu / агне
a skapu / овца

a krabita
коза

a kaw
крава

a pikin kaw
теле

a agu
свиня

a pikin agu
прасенце

a burkaw
бик

a gansi

гъска

a doksi

патица

a pikin fowru

пиленце

a fowru

кокошка

a kakafowru

петел

a alata

плъх

a puspusi

котка

a moismoisi

мишка

a burkaw

вол

a dagu

куче

a dagu pen

кучешка колиба

a tuinslang

градински маркуч

a watra kan

лейка

a nefi

коса

a pluga

плуг

a burugron - селски двор

a babun-nefi
сърп

a tyapu
мотика

a forku
вила за тор

a beyri
брадва

a kroiwagi
ръчна количка

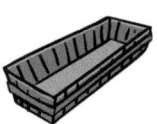

a baki
корито

a merki kan
съд за мляко

a saka
чувал

a skotu
ограда

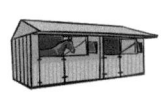

a pen
обор

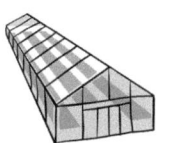

a grun kasi
парник

a gron
земя

a siri
сеитба

a doti
тор

a maaidorser
комбайн

a burugron - селски двор

koti
жъна

a nyanyan
реколта

a yami
ямс

a aleisi
жито

a soja
соя

a patata
картоф

a karu
царевица

a koro siri
рапица

a froktu bon
овощно дърво

a kasaba
маниока

den siri
зърнени храни

a burugron - селски двор

a oso
къща

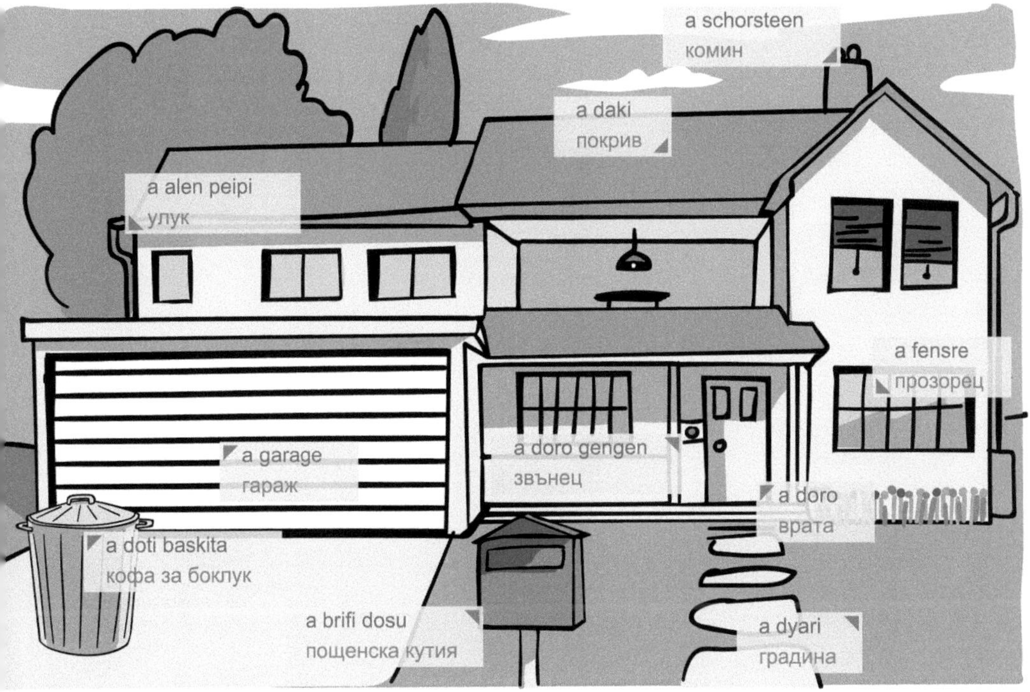

a schorsteen — комин
a daki — покрив
a alen peipi — улук
a fensre — прозорец
a garage — гараж
a doro gengen — звънец
a doro — врата
a doti baskita — кофа за боклук
a brifi dosu — пощенска кутия
a dyari — градина

a foroisi
всекидневна

a was oso
баня

a botrali
кухня

a sribikamra
спалня

a pikin kamra
детска стая

a nyanyan kamra
трапезария

a oso - къща

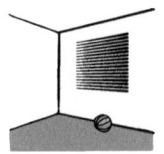
a gron
под

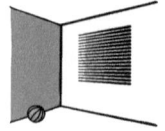
a skotu
стена

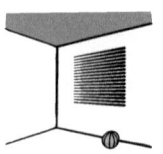
a plafon
таван

a kedre
изба

a sauna
сауна

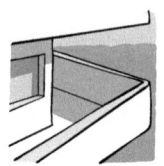
a barkon
балкон

a terras
тераса

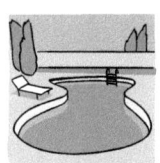
a swen presi
плувен басейн

a waimasyin
косачка

a sribikrosi
спално бельо

a sribikrosi
покривка за легло

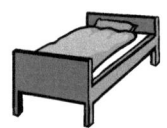
a bedi
легло

a sisibi
метла

a embre
кофа

a san fu leti faya
електрически ключ

a oso - къща

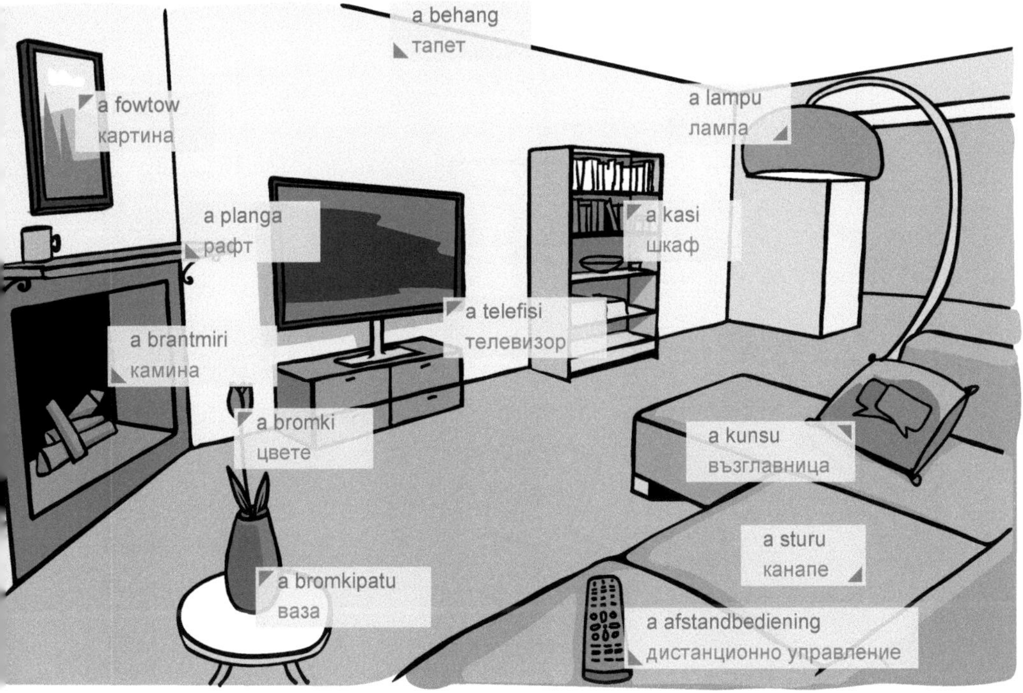

a foroisi
всекидневна

- a behang — тапет
- a fowtow — картина
- a lampu — лампа
- a planga — рафт
- a kasi — шкаф
- a telefisi — телевизор
- a brantmiri — камина
- a bromki — цвете
- a kunsu — възглавница
- a sturu — канапе
- a bromkipatu — ваза
- a afstandbediening — дистанционно управление

a matamata
килим

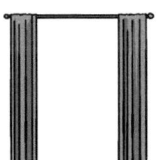

a garden
завеса

a tafra
маса

a sturu
стол

a boboisturu
люлеещ се стол

a sturu
кресло

a buku

книга

a tapun

одеяло

a pranpran

декорация

a udu

дърва за отопление

a kino

филм

a stereo-installatie

стерео уредба

a sroto

ключ

a koranti

вестник

a skedrei

живопис

a poster

постер

a konkrudosu

радио

a skrifi buku

бележник

a stofsuiger

прахосмукачка

a kaktus

кактус

a kandra

свещ

a foroisi - всекидневна

a botrali
кухня

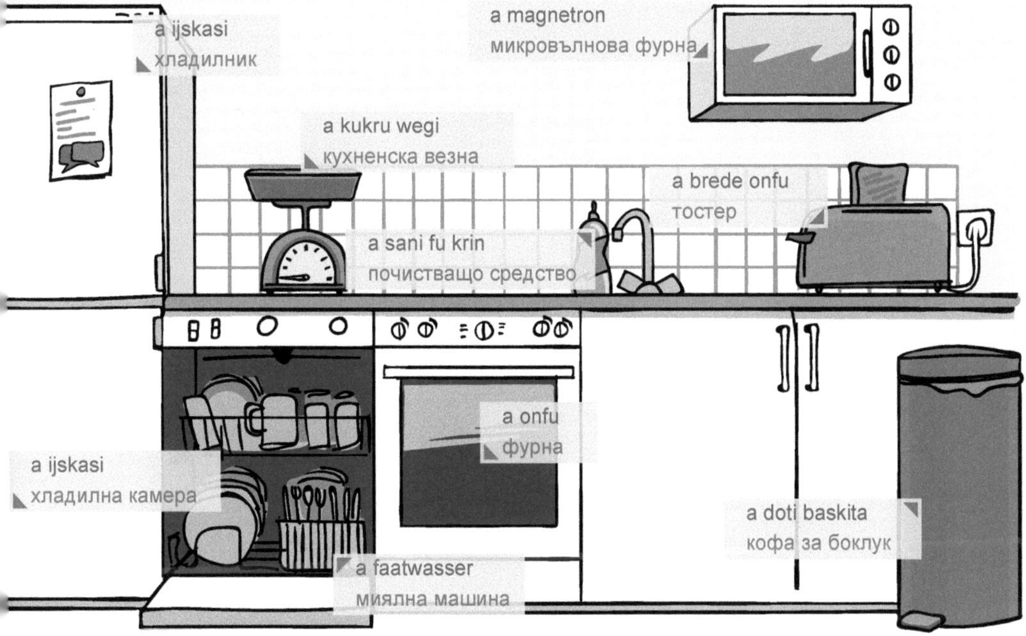

- a ijskasi — хладилник
- a magnetron — микровълнова фурна
- a kukru wegi — кухненска везна
- a brede onfu — тостер
- a sani fu krin — почистващо средство
- a onfu — фурна
- a ijskasi — хладилна камера
- a doti baskita — кофа за боклук
- a faatwasser — миялна машина

a onfu

готварска печка

a patu

тенджера

a isri patu

желязна тенджера

a wok / kadai

уок / кадаи

a pan

тиган

a ketre

кана за затопляне на вода

a dampupatu
уред за готвене на пара

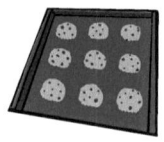
a baka preti
тава за печене

den tafra-sani
съдове

a kan
чаша

a koba
купа

den nyantiki
клечки за хранене

a supu spun
черпак

a spatel
лопатка за тиган

a klutser
тел за разбиване (на яйца, белтъци)

a fergiet
кошница за варене

a dorodoro
гевгир

a gritigriti
ренде

a mortier
хаван

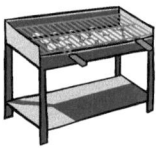
a barbakoto
барбекю

a faya presi
огнище

a botrali - кухня

a koti planga

дъска

a blon lolo

точилка

a korkutreki

тирбушон

a tromu

кутия

a knefi fu opo blik

отварачка за консерви

a patu duku

кухненска ръкохватка

a wasibaki

мивка

a bosro

четка

a sponsu

гъба

a blender

миксер

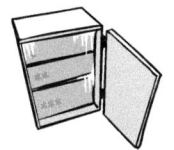

a ijskasi

фризер

a beibi batra

бебешко шише

a kran

воден кран

a botrali - кухня

a was oso
баня

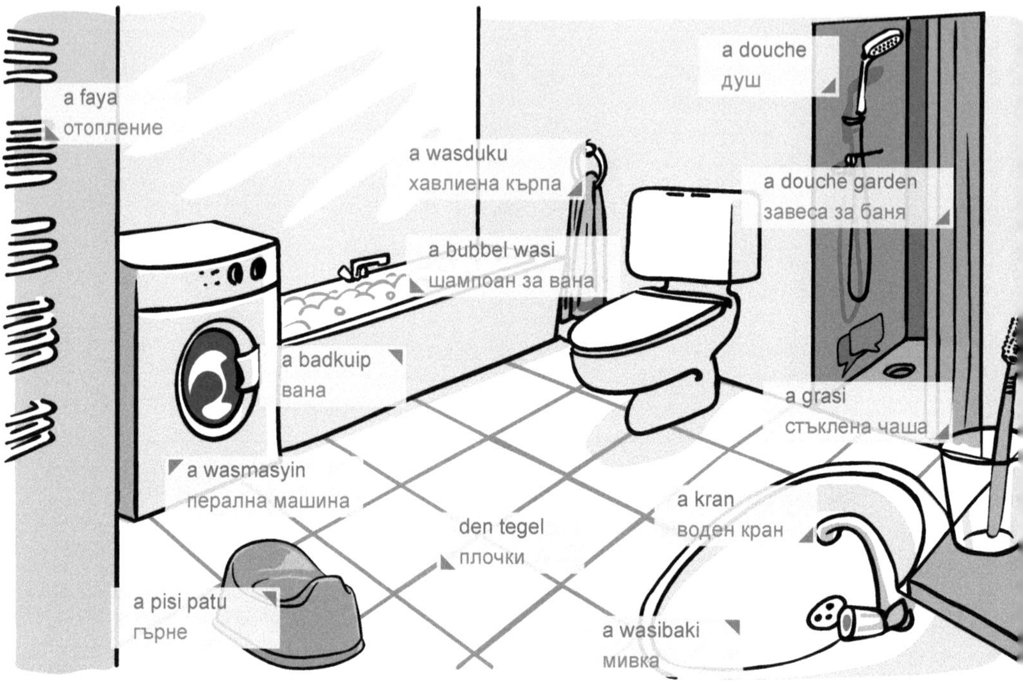

- a faya — отопление
- a douche — душ
- a wasduku — хавлиена кърпа
- a douche garden — завеса за баня
- a bubbel wasi — шампоан за вана
- a badkuip — вана
- a grasi — стъклена чаша
- a wasmasyin — перална машина
- den tegel — плочки
- a kran — воден кран
- a pisi patu — гърне
- a wasibaki — мивка

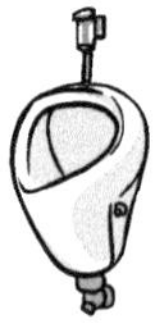

a kumakoisi	a kumakoisi	a bidet
тоалетна	клекало	биде
a pisi presi	a kumakoisi papira	a kumakoisi bosro
писоар	тоалетна хартия	четка за тоалетна

a tifi bosro

четка за зъби

a tandpasta

паста за зъби

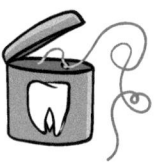

a floss

конец за зъби

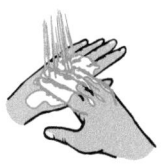

wasi

мия

a douche

ръчен душ

a kumakoisi douche

интимен душ

a was koba

леген

a baka bosro

четка за гръб

a sopo

сапун

a douchegel

душ гел

a sopo

шампоан за вана

a was krosi

гъба за баня

a afvoer

сифон

a krème

крем

a okselstik

дезодорант

a was oso - баня

a spikri

огледало

a moimoi fu fesi spikri

козметично огледало

a sebinefi

ръчна самобръсначка

a sebiskuma

пяна за бръснене

a aftershave

одеколон за след бръснене

a kankan

гребен

a bosro

четка

a wiri drei masyin

сешоар

a wirispray

спрей за коса

a moimoi fu fesi

грим

a lippenstift

червило

a nangra ferfi

лак за нокти

den katun

памук

a nangra sey

ножица за нокти

a switi smeri

парфюм

a was oso - баня

| a tas gi krin sani | a kroku | a wegi |
| тоалетна чантичка | табуретка | везна |

| a was dyaki | den handschoen fu krin | a tampon |
| хавлия | домакински ръкавици | тампон |

 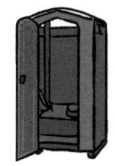

| a munduku | a kumakoisi |
| дамски превръзки | химическа тоалетна |

a was oso - баня

a pikin kamra

детска стая

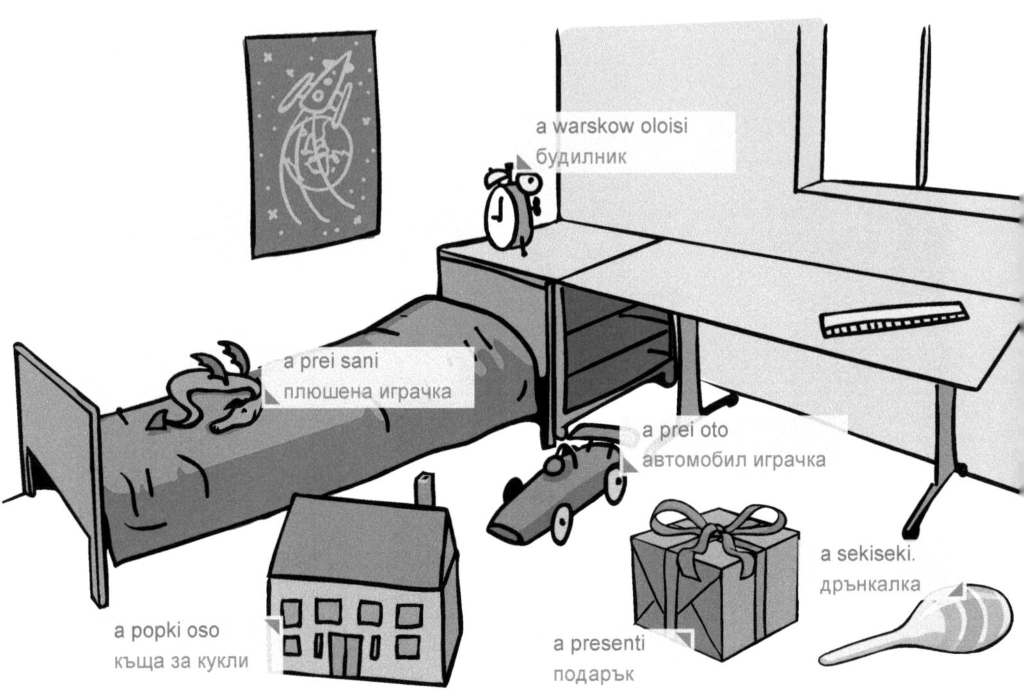

a warskow oloisi
будилник
a prei sani
плюшена играчка
a prei oto
автомобил играчка
a sekiseki.
дрънкалка
a popki oso
къща за кукли
a presenti
подарък

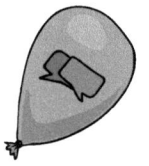

a ballon

балон

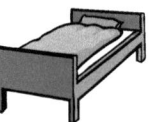

a bedi

легло

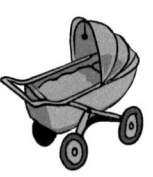

a beibiwagi

детска количка

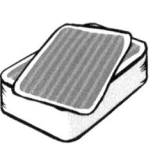

a paki karta

игра на карти

a laytori

пъзел

SUPER MEGA

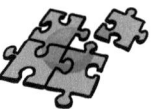

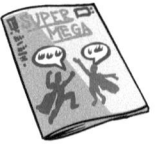

a strip torie

комикс

den lego ston
лего елементи

den prei sani
строителни елементи

a aktiefiguurtje
екшън фигурка

a beibikrosi
бебешки гащеризон

a frisbee
фрисби

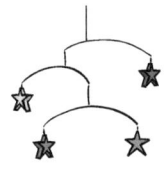
a mobile
бебешки играчки за легло

a prei tapu bord
настолна игра

a prei ston
зарче

a prei sani loko
миниатюрно влакче

a bobimofo
биберон

a fesa
парти

a prenki buku
детска книга с илюстрации

a bal
топка

a popki
кукла

prei
играя

a pikin kamra - детска стая

a santi baki	a boboisturu	den preisani
пясъчник	люлка	играчка

a prei komputer	a baysigri	a prei sani
игрова конзола	велосипед с три колелета	плюшено мече

a krosikasi
гардероб

a krosi
облекло

den kowsu	den kowsu	a kowsu
къси чорапи	дълги чорапи	чорапогащник

a krosi - облекло

a skin
боди

a bruku
панталон

a jeansbruku
дънки

a koto
пола

a blus
блуза

a empi
риза

a empi
пуловер

a dyaki
суичър

a djakti
блейзър

a dyakti
яке

a alendyakti
палто

a alendyakti
дъждобран

a paki
костюм

a yapon
рокля

a trowyapon
булчинска рокля

a krosi - облекло

a paki

костюм

a sribikrosi

нощница

a sribikrosi

пижама

a sari

сари

a angisa

кърпа за глава

a tulband

тюрбан

a burka

бурка

a kaftan

кафтан

a abaya

абая

a swenkrosi

бански костюм

a swenbruku

плувни шорти

a syatu bruku

къс панталон

a training paki

анцуг

a feskoki

престилка

a handschoen

ръкавици

a krosi - облекло

a knopo

копче

a aygrasi

очила

a anubuy

гривна

a keti

верижка

a linga

пръстен

a yesilinga

обеца

a ati

каскет

a krosi anga

закачалка

a ati

шапка

a tay

вратовръзка

a rits

цип

a feti musu

каска

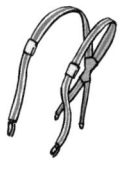

a bretel

тиранти

a sem skoro krosi

ученическа униформа

a sem krosi

униформа

a krosi - облекло

a slabbetje
лигавник

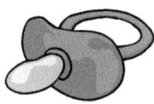
a bobimofo
биберон

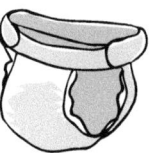
a pisiduku
пелена

a kantoro
офис

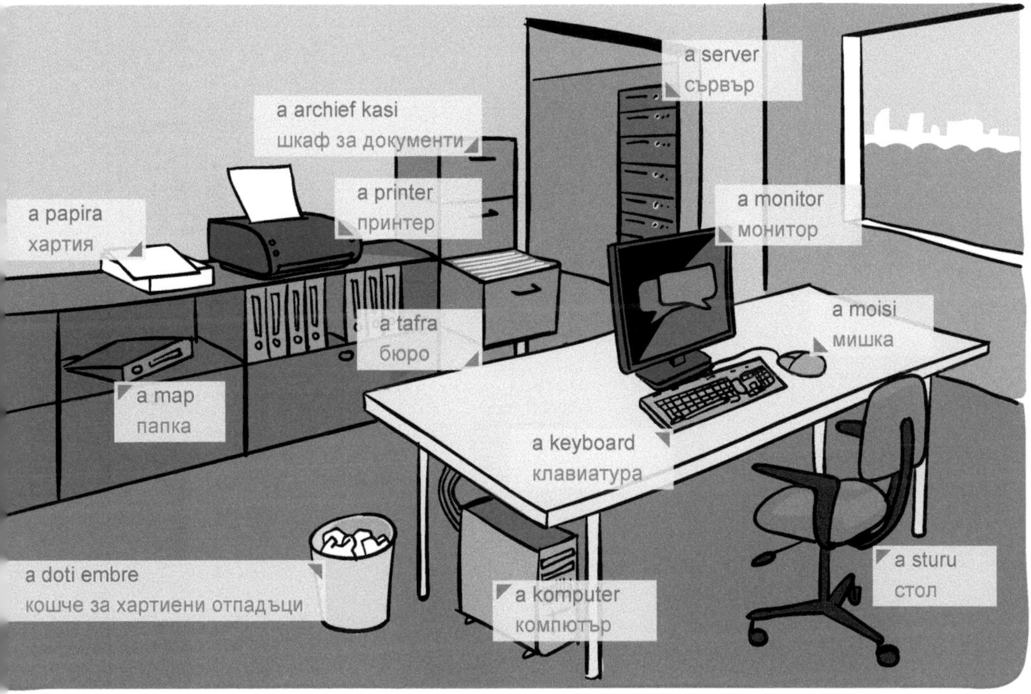

- a archief kasi — шкаф за документи
- a server — сървър
- a papira — хартия
- a printer — принтер
- a monitor — монитор
- a tafra — бюро
- a moisi — мишка
- a map — папка
- a keyboard — клавиатура
- a doti embre — кошче за хартиени отпадъци
- a komputer — компютър
- a sturu — стол

a kofi kan
чаша за кафе

a kalkulator
джобен калкулатор

a internet
интернет

a laptop

лаптоп

a brifi

писмо

a boskopu

съобщение

a konkrutitei

мобилен телефон

a neti

мрежа

a kopi masyin

ксерокс

a software

софтуер

a konkrutitei

телефон

a stopkontakt

контакт

a fax masyin

факс

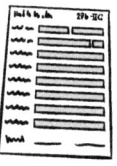

a formulier

формуляр

a papira

документ

a kantoro - офис

a ekonomia
икономика

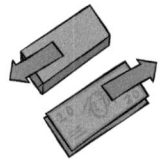
bai
купувам

pai
плащам

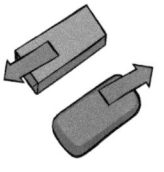
du
търгувам

a moni
пари

a dollar
долар

a euro
евро

a yen
йена

a rubel
рубла

a frank
швейцарски франк

a renminbi yuan
ренминби юан

a rupie
рупия

a monimasyin
банкомат

a kenki kantoro
обменно бюро

a gowtu
злато

a solfru
сребро

a oli
нефт

a krakti
енергия

a prijs
цена

a kontrakti
договор

a lantimoni
данък

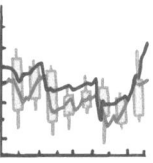
a pisi
акция

wroko
работя

a wrokoman
служител

a wrokobasi
работодател

a fabrik
фабрика

a wenkri
магазин за цветя

a ekonomia - икономика

den kari
професии

a skowtu — полицай
a brandweerman — пожарникар
a piloot — пилот
a boriman — готвач
a datra — лекар

a djariman

градинар

a temreman

мебелист

a modist

шивачка

a krutubasi

съдия

a scheikunde sma

химик

a akteur

артист

a bus sjafeur

шофьор на автобус

a taximan

шофьор на такси

a fisiman

рибар

a krinsma

чистачка

a dakitapu man

майстор на покриви

a diniman

келнер

a ontiman

ловец

a ferfiman

художник

a bakriman

хлебар

a elektrikman

електротехник

a bow-wroko man

строителен работник

a ensjinoru

инженер

a sraktiman

касапин

a loodgieter

тенекеджия

a postbode

пощальон

den kari - професии

a srudati
войник

a architekt
архитект

a kasman
касиер

a bromkisma
цветар

a seti sma wiri man
фризьор

a kondukteur
кондуктор

a monteur
механик

a kapten
капитан

a tifidatra
зъболекар

a sabiman
научен работник

a Dyu domri
равин

a Moslim domri
имàм

a moniki
монах

a priester
свещеник

den kari - професии

a wrokosani
инструменти

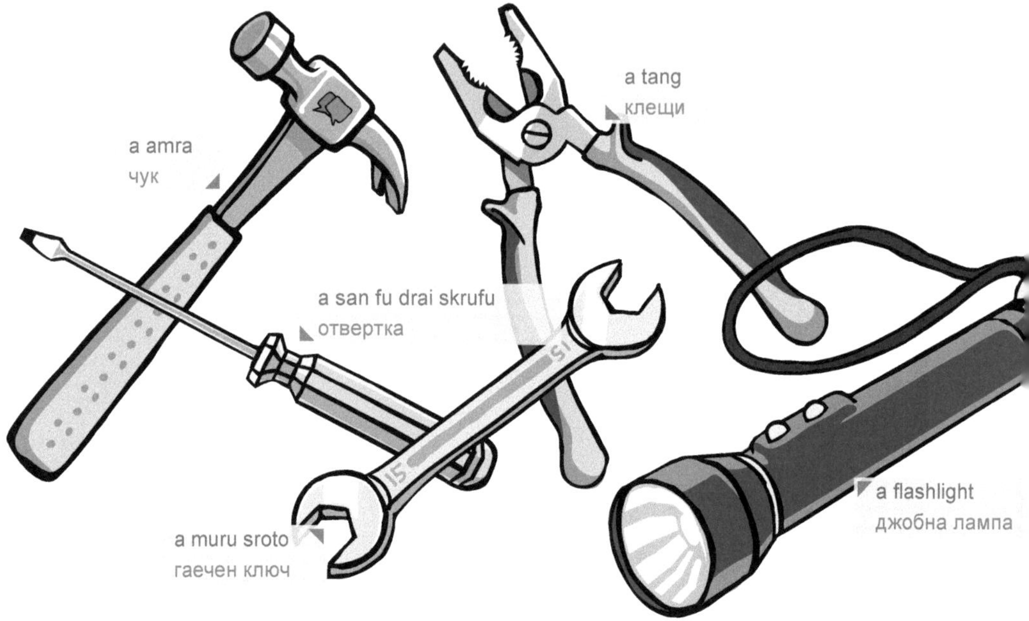

a amra
чук

a tang
клещи

a san fu drai skrufu
отвертка

a muru sroto
гаечен ключ

a flashlight
джобна лампа

a dikimasyin

багер

a wrokosani kisi

кутия за инструменти

a trapu

стълба

a sa

трион

den spikri

пирони

a boro

бормашина

meki
ремонтирам

a skepi
лопата

Baya!
По дяволите!

a stofblik
лопатка за смет

a ferfi patu
кутия за боя

den skrufu
болтове

den poku sani
музикални инструменти

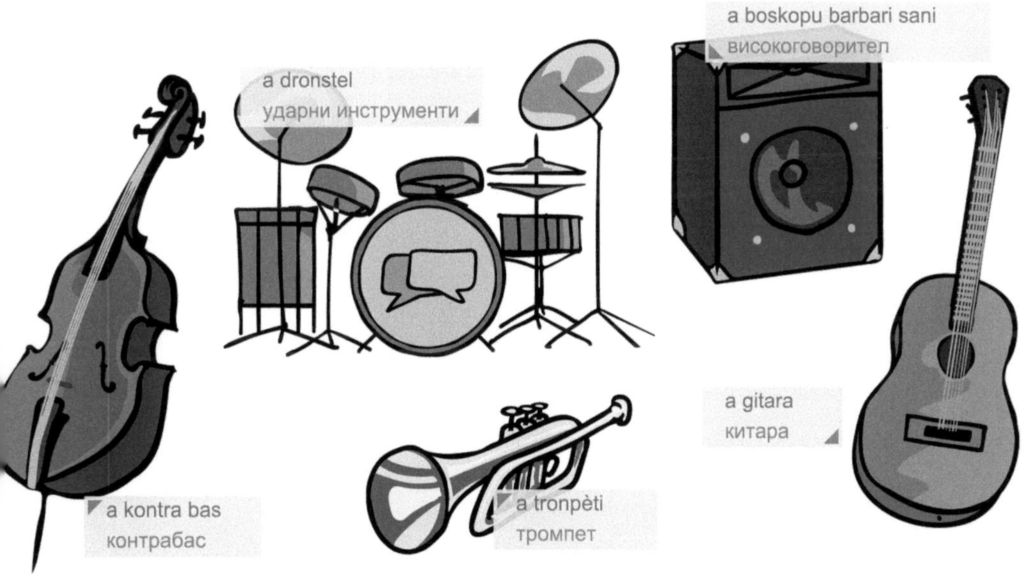

a boskopu barbari sani
високоговорител

a dronstel
ударни инструменти

a gitara
китара

a kontra bas
контрабас

a tronpèti
тромпет

a piano

пиано

a finyoro

виолина

a bas

контрабас

a pauk

тимпан

a dron

барабан

a keyboard

електрическо пиано

a saxofon

саксофон

a froiti

флейта

a mikrofon

микрофон

a meti dyari
зоологическа градина

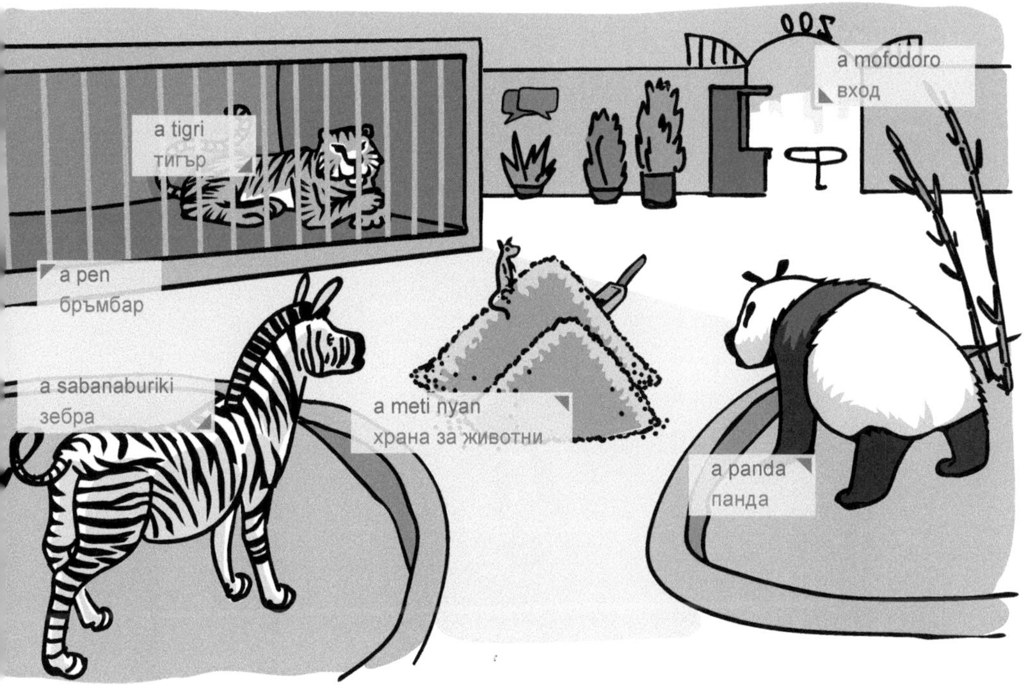

- a tigri — тигър
- a mofodoro — вход
- a pen — бръмбар
- a sabanaburiki — зебра
- a meti nyan — храна за животни
- a panda — панда

den meti
животни

a asaw
слон

a kangeru
кенгуру

a neushoorn
носорог

a gorilla
горила

a beer
мечка

a kameri

камила

a stroisifowru

щраус

a lew

лъв

a monki

маймуна

a korikori

фламинго

a popokai

папагал

a ijsbeer

бяла мечка

a pinguïn

пингвин

a sarki

акула

a prodokaka

паун

a sneki

змия

a kaiman

крокодил

a sma san e sorgu meti

пазач в зоологическа градина

a sedagu

тюлен

a penitigri

ягуар

a meti dyari - зоологическа градина

a pikin asi
пони

a penitigri
леопард

a watrabofru
хипопотам

a giraf
жираф

a aka
орел

a werder agu
диво прасе

a fisi
риба

a sekrepatu
костенурка

a walrus
морж

a sabanadagu
лисица

a dia
газела

a meti dyari - зоологическа градина

a sport
спорт

den aktifiteit
дейности

den aktifiteit - дейности

abi
имам

dati
правя

de
съм

tnapu
стоя

lon
тичам

hari
дърпам

trowe
хвърлям

fadon
падам

lei
лежа

wakti
чакам

tyari
нося

sidon
седя

weri
обличам

sribi
спя

wiki
събуждам се

den aktifiteit - дейности

luku
разглеждам

krei
плача

korikori
милвам

kan
реша се

taki
говоря

ferstan
разбирам

aksi
питам

arki
слушам

dringi
пия

nyanyan
ям

krin
разтребвам

lobi
обичам

bori
готвя

rei
карам автомобил

frei
летя

den aktifiteit - дейности

seiri
плавам (с платна)

teri
смятане

lesi
чета

leri
уча

wroko
работя

trow
женя се

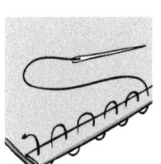
nai
шия

krintifi
измивам си зъбите

kiri
убивам

smoko
пуша

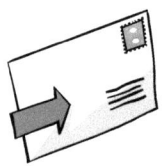
seni
изпращам

den aktifiteit - дейности

a famiri
семейство

- a granmama / баба
- a granpapa / дядо
- a papa / баща
- a mama / майка
- a beibi / бебе
- a umapikin / дъщеря
- a manpikin / син

a fisiti

посетител

a tanta

леля

a omu

чичо

a brada

брат

a sisa

сестра

a skin
тяло

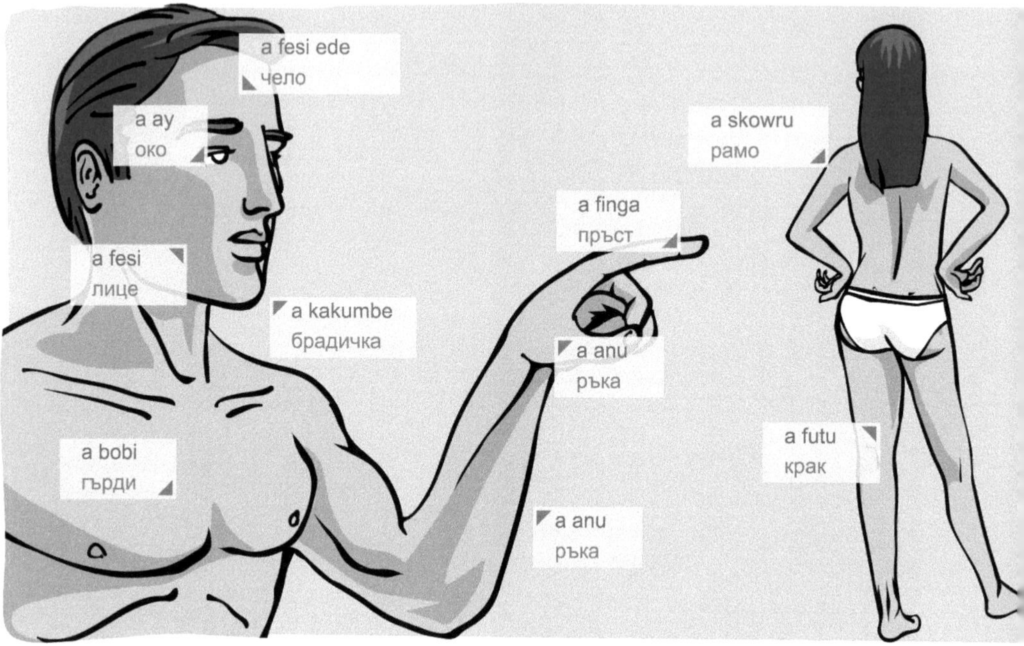

- a fesi ede — чело
- a ay — око
- a fesi — лице
- a kakumbe — брадичка
- a bobi — гърди
- a skowru — рамо
- a finga — пръст
- a anu — ръка
- a anu — ръка
- a futu — крак

a beibi — бебе

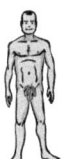

a man — мъж

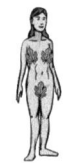

a uma — жена

a uma pikin — момиче

a boi — момче

a ede — глава

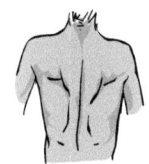	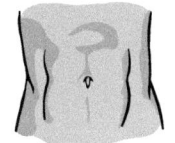	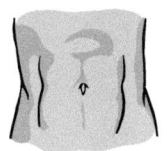
a baka	a bere	a kumba
гръб	корем	пъп
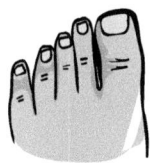	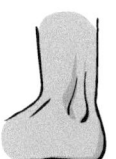	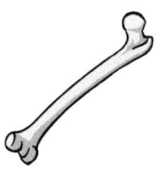
a futufinga	a bakafutu	a bonyo
пръст на крака	пета	кост
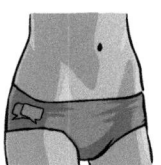		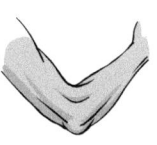
a djonku	a kindi	a baka anu
хълбок	коляно	лакът
	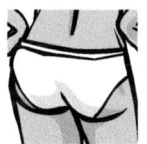	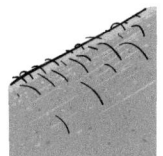
a noso	a bakasei	a skin
нос	седалище	кожа
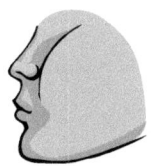	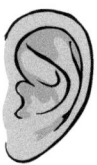	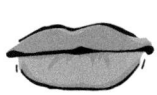
a seifesi	a yesi	den mofobuba
буза	ухо	устна

a skin - тяло

a mofo

уста

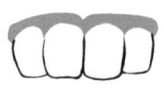

a tifi

зъб

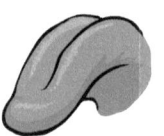

a tongo

език

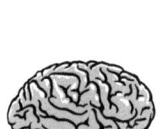

a ede tonton

мозък

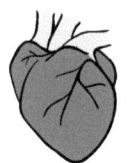

a ati

сърце

a titei

мускул

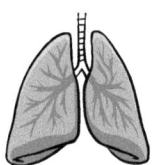

a fokofoko

бял дроб

a lefre

черен дроб

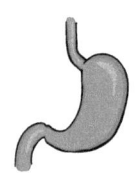

a bere

стомах

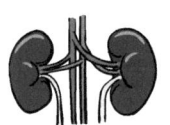

den niri

бъбреци

a freiri

полово сношение

a pipikowsu

кондом

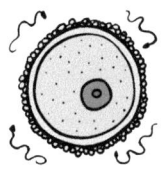

a eksi

яйцеклетка

a siri

сперма

a bere

бременност

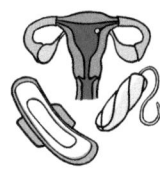
a munsiki
менструация

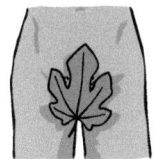
a umapresi
вагина

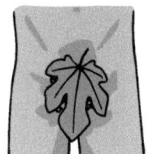
a toli
пенис

a tapu-ay-wiwiri
вежда

a wiwiri
коса

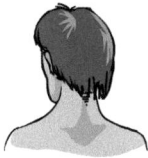
a neki
шия

a skin - тяло

a ati oso
болница

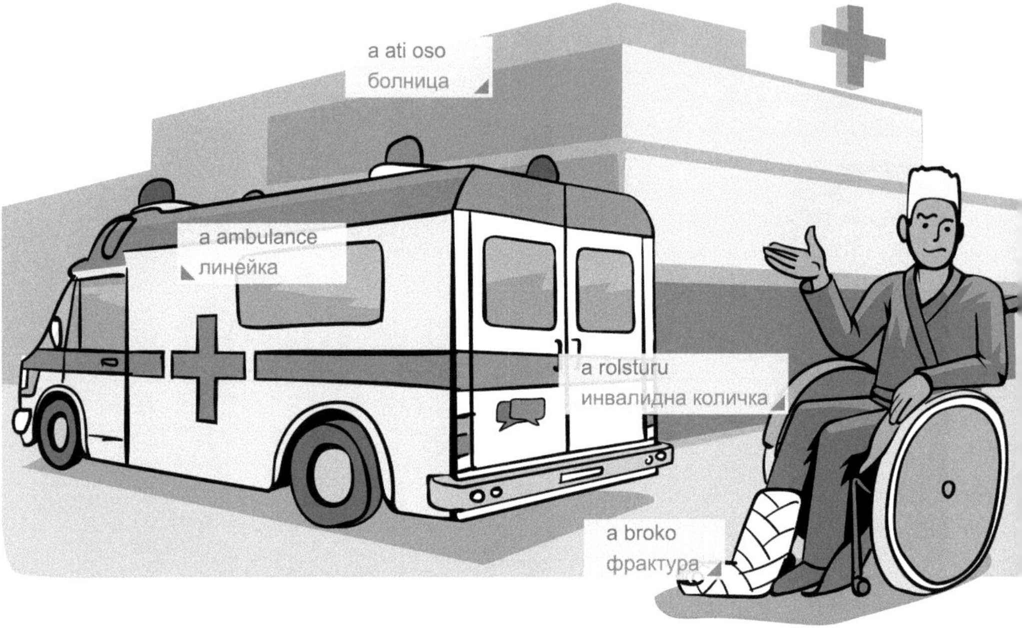

a ati oso
болница

a ambulance
линейка

a rolsturu
инвалидна количка

a broko
фрактура

a datra

лекар

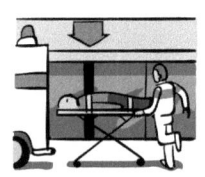

a EHBO

спешна хоспитализация

a suster

медицинска сестра

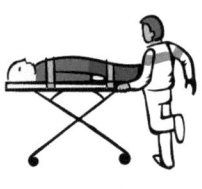

a nowtu

спешен случай

flaw

в безсъзнание

a pen

болка

a soro
нараняване

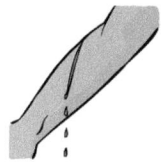
a brudu
кървене

a ati siki
инфаркт

a bururtu
инсулт

a trefu
алергия

koso
кашлица

a kortsu
температура

a griep
грип

a lusu bere
диария

a ede-ati
главоболие

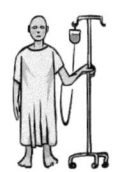
a takrusiki
рак

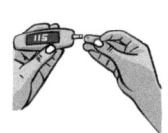
a sukru
диабет

a chirurg
хирург

a skalpel
скалпел

a operâsi
операция

a ati oso - болница

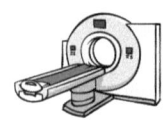

a CT

компютърна томография

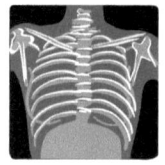

a röntgen

рентген

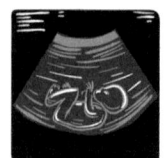

a echo

ултразвук

a fesi maskradu

маска

a siki

болест

a wakti kamra

чакалня

a kroku

патерица

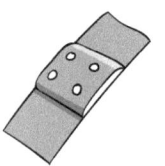

a duku

пластир

a duku

превръзка

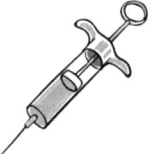

a spoiti

инжекция

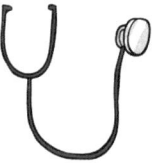

a stethoskoop

стетоскоп

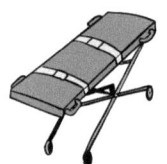

a brandkard

носилка

a temperatuur marki

термометър

a gebore

раждане

a fatu

наднормено тегло

a ati oso - болница

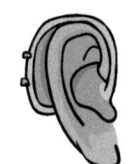
a masyin fu yere
слухов апарат

a sani fu krin
дезинфекционно средство

a dyomposiki
инфекция

a firus
вирус

a HIV / AIDS
HIV / AIDS

a dresi
медицина

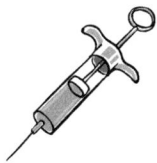
a faksinasi
ваксинация

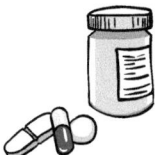
den perki
таблети

a perki
противозачатъчна таблетка

a nowtu nomru
спешно телефонно обаждане

a brudu marki
апарат за измерване на кръвното налягане

siki / gesontu
болен / здрав

a ati oso - болница

a nowtu
спешен случай

Yepi!
Помощ!

a warskow
сигнал за тревога

a feti
нападение

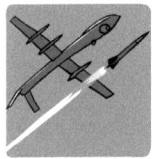

a feti
атака

a ogri
опасност

a nowtu doro
аварien изход

a fayakiri sani
пожарогасител

a mankeri
злополука

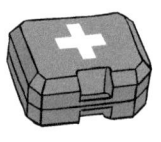

a EHBO-kofru
комплект за оказване на първа помощ

SOS
SOS

a skowtu
полиция

a grontapu
Земя

Bakrakondre

Европа

Opo-Amerkan

Северна Америка

Suid-Amerkan

Южна Америка

Afrika

Африка

Asi

Азия

Australia

Австралия

a Atlantis Se

Атлантически океан

a Tan tiri Se

Тихи океан

a Indisch Se

Индийски океан

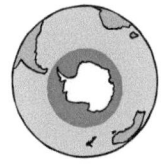

a Suidsei Se

Южен ледовит океан

a Noordsei Se

Северен ледовит океан

a Noordsei

Северен полюс

a Suidsei
Южен полюс

Antartika
Антарктида

a grontapu
Земя

a kondre
суша

a se
море

a eilanti
остров

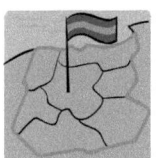
a nâsi
нация

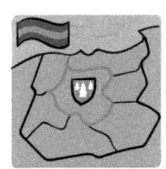
a lanti
държава

oloisi
часовник

a oloisi fesi

циферблат

a yuru sori

стрелка на часовете

a miniti sori

стрелка на минутите

a sekonde sori

стрелка на секундите

O lati a de?

Колко е часът?

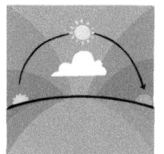

a dey

ден

a ten

време

now

сега

a oloisi

дигитален часовник

a miniti

минута

a yuru

час

a wiki
седмица

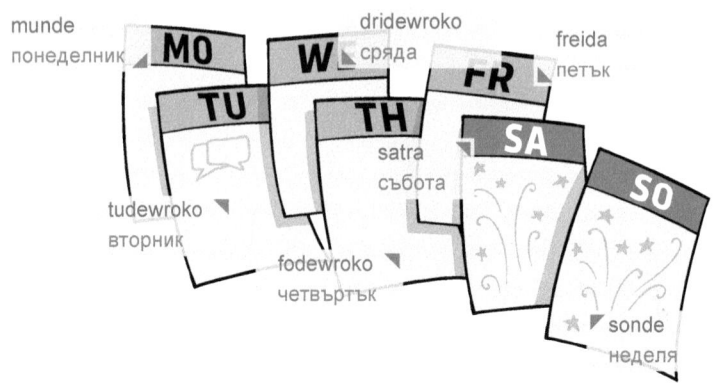

munde — понеделник
tudewroko — вторник
dridewroko — сряда
fodewroko — четвъртък
freida — петък
satra — събота
sonde — неделя

esde
вчера

tide
днес

tamara
утре

a mamanten
сутрин

a bakadina
обед

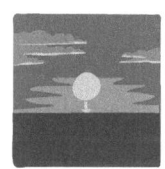

a neti
вечер

den wrokodei
работни дни

a weekend
уикенд

a yari

година

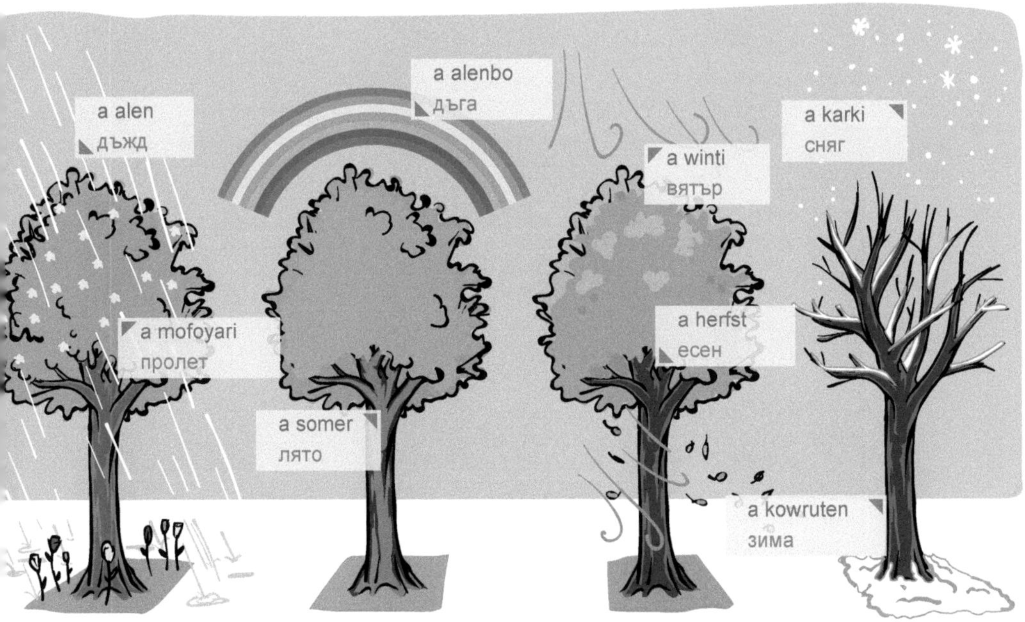

a alen
дъжд
a alenbo
дъга
a karki
сняг
a winti
вятър
a mofoyari
пролет
a herfst
есен
a somer
лято
a kowruten
зима

4.APRIL 11°
5.APRIL 4°
6.APRIL 13°
7.APRIL 8°
8.APRIL 10°

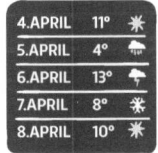

a taki fu a weer
прогноза за времето

F C
120 40
90 30
60 20
30 10
0 0
-30 -10
-20

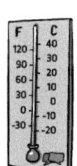

a thermometer
термометър

a skèin fu a son
слънчева светлина

a wolku
облак

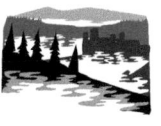

a dow
мъгла

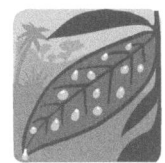

a loktu foktu
влажност на въздуха

a faya

светкавица

a dondru

гръмотевица

a sekiwatra

буря

a agra

градушка

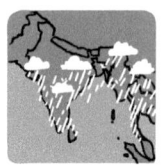

a bigi skwala

мусон

a frudu

наводнение

a èisi

лед

januari

януари

februari

февруари

maart

март

april

април

mei

май

juni

юни

juli

юли

augustus

август

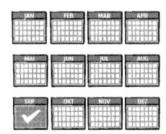
september
....
септември

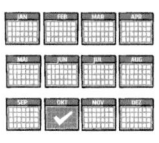
oktober
....
октомври

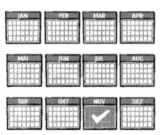
nofember
....
ноември

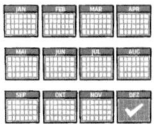
december
....
декември

den form
форми

a lontu
....
кръг

a fokanti
....
квадрат

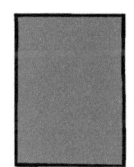
a fokanti naga langa sei
....
четириъгълник

a dri-uku
....
триъгълник

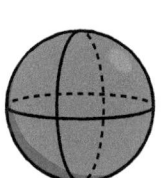
a lontu
....
сфера

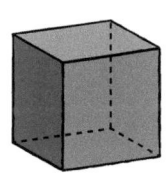
a kubus
....
куб

kloru
цветове

witi
бял

geri
жълт

alanya
оранжев

ròs
розов

redi
червен

lila
лилав

blaw
син

grun
зелен

broin
кафяв

grei
сив

blaka
черен

difrenti
противоположности

tumsi / wanwan

много / малко

atibron / tiri

ядосан / спокоен

moi / takru

красив / грозен

begin / kba

начало / край

bigi / ptyin

голям / малък

lekti / dungru

светъл / тъмен

brada / sisa

брат / сестра

krin / doti

чист / мръсен

krinkrin / no bun nofo

пълен / непълен

dei / neti

ден / нощ

dede / libi

мъртъв / жив

bradi / smara

широк / тесен

kan nyan / no kan nyan

ядлив / неядлив

takru / bun

сърдит / любезен

prisiri / ferferi

развълнуван / скучаещ

fatu / fini

дебел / тънък

fosi / lasti

най-напред / най-накрая

mati / feyanti

приятел / враг

furu / leigi

пълен / празен

tranga / safu

твърд / мек

hebi / lekti

тежък / лек

angri / dreineki

глад / жажда

siki / gesontu

болен / здрав

no gi pasi / tru

нелегален / легален

koni / don

интелигентен / глупав

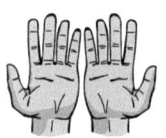

kruktu / leti

ляво / дясно

gi / fara

близо / далече

difrenti - противоположности

nyun / owru

нов / употребяван

noti / wan sani

нищо / нещо

owru / jongu

стар / млад

leti / tapu

вкл. / изкл.

opo / tapu

отворен / затворен

safu / tranga

тих / силен (звук)

gudu / poti

богат / беден

bun / fowtu

правилен / погрешен

grofu / grati

грапав / гладък

sari / breiti

тъжен / щастлив

shatu / langa

дълъг / къс

loli / esi esi

бавен / бърз

nati / drei

мокър / сух

warang / kowru

топъл / студен

feti / freide

война / мир

difrenti - противоположности

den nomru
числа

0 noti — нула

1 wan — едно

2 tu — две

3 dri — три

4 fo — четири

5 feifi — пет

6 siksi — шест

7 seibi — седем

8 aiti — осем

9 neigi — девет

10 tin — десет

11 erfu — единадесет

12 twarfu — дванадесет

13 tin-na-dri — тринадесет

14 tin-na-fo — четиринадесет

15 tin-na-feifi — петнадесет

16 tin-na-siksi — шестнадесет

17 tin-na-seibi — седемнадесет

18 tin-na-aiti — осемнадесет

19 tin-na-neigi — деветнадесет

20 twenti — двадесет

100 hondru — сто

1.000 dusun — хиляда

1.000.000 milyun — милион

den nomru - числа

den tongo

езици

Ingristongo

английски

Amerkan Ingristongo

американски английски

Sneisi Mandarijntongo

китайски мандарин

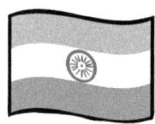

Hinditongo

хинди

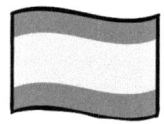

Spanyoro

испански

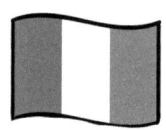

Frans

френски

Arabiatongo

арабски

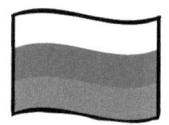

Rusitongo

руски

Potogisi

португалски

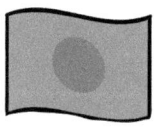

Bengalitongo

бенгалски

Doisritongo

немски

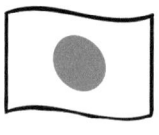

Japantongo

японски

suma / sang / fa
кой / какво / как

mi
аз

yu
ти

en / en / en
той / тя / то

unu
ние

yu
вие

den
те

suma?
кой?

san?
какво?

fa?
как?

pe?
къде?

oten?
кога?

a nen
име

pe
къде

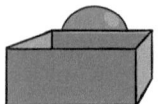

baka

зад

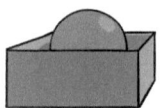

ini

в

fesi

пред

abra

над

tapu

върху

ondro

под

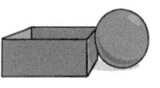

na sei

до

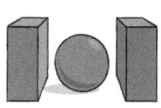

mindri

между

presi

място